SQL para Iniciantes: Um Guia

I0002197

Introdução:

Bem-vindo ao mundo do SQL, a linguagem que permite conversar com bancos de dados. Se você quer organizar, acessar ou manipular dados, o SQL será seu melhor amigo. Este manual é o seu ponto de partida, concebido para transformar completos iniciantes em usuários confiantes do SQL. Vamos desmistificar juntos essa poderosa ferramenta.

Capítulo 1: Fundamentos do SQL

O que é um banco de dados relacional?
Tabelas, registros, e campos: Entendendo a estrutura básica.

Capítulo 2: Seu Primeiro Comando SQL

Como instalar um ambiente SQL simples para aprendizado (SQLite, por exemplo).
Escrevendo e executando sua primeira consulta: SELECT.

Capítulo 3: Consultas Básicas

Selecionando dados de uma tabela: A cláusula SELECT.
Filtrando dados com WHERE.
Ordenando resultados com ORDER BY.
Realizando junções: INNER JOIN, LEFT JOIN, RIGHT JOIN, e FULL JOIN.

Capítulo 4: Funções de Agregação e Agrupamento

Contando, somando, e calculando médias: COUNT, SUM, AVG.
Agrupando dados com GROUP BY.
Filtrando grupos com HAVING.

Capítulo 5: Manipulação de Dados

Inserindo novos registros: INSERT.
Atualizando registros existentes: UPDATE.
Excluindo registros: DELETE.

Capítulo 6: Junções entre Tabelas

Entendendo relações entre tabelas.
Realizando junções: INNER JOIN, LEFT JOIN, RIGHT JOIN, e FULL JOIN.

Capítulo 7: Subconsultas e Consultas Complexas

O poder das subconsultas.
Combinando consultas com UNION.

Capítulo 8: Boas Práticas e Dicas

Escrevendo consultas eficientes.
Mantendo seu banco de dados seguro e limpo.

Capítulo 9: Exercícios Práticos

Desafios para praticar o que você aprendeu.
Soluções e explicações detalhadas.

Conclusão:

Recapitulando sua jornada SQL.
Próximos passos e recursos adicionais para continuar aprendendo.

Glossário:

Definições de termos técnicos usados no manual.

Ferramentas e recursos úteis para desenvolvedores SQL.

Capítulo 1: Fundamentos do SQL
Introdução aos Bancos de Dados Relacionais

Bem-vindo à sua primeira parada nesta aventura SQL! Se você está aqui, é porque provavelmente já ouviu falar sobre bancos de dados. Eles são como grandes armários digitais onde guardamos informações que podem ser de tudo um pouco: desde uma lista de contatos no seu celular até o imenso catálogo de filmes de um serviço de streaming.

O que é um Banco de Dados Relacional?

Imagine que você tem uma estante cheia de caixas. Cada caixa (tabela) guarda itens específicos, como livros de receitas, álbuns de fotos ou coleções de DVDs. No mundo dos bancos de dados, essas caixas são as nossas tabelas, e os itens dentro delas são os dados.

Agora, o que faz um banco de dados ser "relacional"? É a maneira inteligente como essas caixas podem se relacionar entre si. Por exemplo, uma caixa de receitas pode ter uma nota dizendo "Veja também: fotos do jantar de Natal no álbum de 2019". Essas relações ajudam a organizar e acessar informações de forma mais eficiente.

Por Que SQL?

SQL, que significa *"Structured Query Language"* (ou Linguagem de Consulta Estruturada), é como se fosse a chave que abre essas caixas. Usando SQL, podemos não apenas olhar dentro das caixas para ver o que há nelas, mas também adicionar novos itens, atualizar os existentes ou até mesmo reorganizar tudo.

Mas não se preocupe, não é tão complicado quanto parece. A beleza do SQL é que ele foi feito para ser bastante intuitivo. Por exemplo, se você quer pegar um livro de receitas sobre bolos, em SQL, você diria algo como "SELECIONE livro DE receitas ONDE tipo = 'bolo'". Vê? Quase como falar com o banco de dados!

Tabelas, Registros e Campos

Vamos detalhar um pouco mais:

Tabelas: São as caixas na nossa estante. Cada tabela armazena um tipo específico de informação.

Registros: São os itens individuais dentro de cada caixa. No nosso exemplo da receita de bolo, cada receita seria um registro.

Campos: São os detalhes de cada item. Para uma receita, isso poderia incluir o nome, ingredientes, tempo de preparo, etc.

Colocando a Mão na Massa

Antes de encerrarmos este capítulo, quero que você se lembre de algo importante: a melhor maneira de aprender SQL é praticando. Não tenha medo de experimentar e fazer perguntas. Todos nós começamos de algum lugar, e cada erro é um passo em direção ao domínio do SQL.

Neste capítulo, cobrimos o básico do que são bancos de dados relacionais e por que o SQL é a ferramenta perfeita para trabalhar com eles. No próximo capítulo, vamos configurar nosso ambiente SQL e executar nossa primeira consulta.

Prepare-se, porque vai ser divertido!

Capítulo 2: Seu Primeiro Comando SQL

Instalação e Primeiros Passos

Agora que você já sabe o que é um banco de dados relacional e por que o SQL é tão bacana, é hora de arregaçar as mangas e colocar a teoria em prática. Neste capítulo, vamos instalar um sistema de gerenciamento de banco de dados (SGBD) simples e executar nossa primeira consulta SQL. Pode parecer um bicho de sete cabeças, mas prometo que é mais fácil do que parece.

Escolhendo e Instalando um SGBD

Existem vários SGBDs por aí, mas para começar, eu recomendo o SQLite. Por quê? Porque é leve, não precisa de configuração complicada e é perfeito para aprender SQL. Ele é como um banco de dados em miniatura que você pode carregar no bolso (metaforicamente falando, claro).

Para instalar o SQLite, basta ir até o site oficial (sqlite.org) e seguir as instruções para o seu sistema operacional. Se você se sentir um pouco perdido, não tem problema! Há muitos tutoriais amigáveis na internet que podem ajudar.

Abrindo o Terminal e Criando um Banco de Dados

Depois de instalar o SQLite, abra o terminal ou prompt de comando do seu computador. Digite sqlite3 MeuPrimeiroBanco.db para criar seu primeiro banco de dados. Isso não vai abrir uma janela nova ou algo assim; é tudo no terminal mesmo. Pense nisso como conversar diretamente com o seu banco de dados.

Sua Primeira Consulta SQL

Agora que você tem um banco de dados, vamos falar com ele. O comando **SELECT** é usado para selecionar (ou buscar) dados de uma tabela. Mas espera, ainda não temos uma tabela, certo? Vamos resolver isso.

Digite o seguinte comando para criar uma tabela simples chamada **Amigos:**

```sql
CREATE TABLE Amigos(id INTEGER PRIMARY KEY, nome TEXT, idade INTEGER);
```

E agora, para adicionar alguns dados na sua tabela:

```sql
INSERT INTO Amigos(nome, idade) VALUES ('Alice', 30);
INSERT INTO Amigos(nome, idade) VALUES ('Bob', 25);
```

Pronto! Você criou uma tabela e inseriu dados nela. Agora, para ver esses dados, use seu primeiro comando SELECT:

```sql
SELECT * FROM Amigos;
```

Este comando diz: "Selecione tudo da tabela Amigos".
E voilà, você verá a lista de amigos que inseriu.

Celebrando Seu Primeiro Comando SQL

Parabéns! Você acabou de executar sua primeira consulta SQL. Não foi tão difícil, né? Claro, isso é só a ponta do iceberg. O SQL tem muito mais a oferecer, e nós vamos explorar juntos nos próximos capítulos.

Antes de terminarmos, quero que você se lembre de algo: a prática leva à perfeição. Não tenha medo de brincar com o SQL. Tente criar suas próprias tabelas, inserir diferentes tipos de dados e ver o que acontece quando você usa diferentes comandos SELECT.

No próximo capítulo, vamos mergulhar nas consultas básicas e descobrir como filtrar e ordenar dados para encontrar exatamente o que estamos procurando. Até lá, sinta-se à vontade para experimentar e se familiarizar com o seu novo ambiente SQL.

Capítulo 3: Consultas Básicas

Filtrando e Ordenando Dados

Bem-vindo ao mundo maravilhoso das consultas SQL! Se você chegou até aqui, já sabe instalar um SGBD e criar uma tabela simples. Agora, vamos explorar como realmente conversar com nossos dados.
Este capítulo vai te mostrar como buscar exatamente o que você precisa de um mar de informações, usando os comandos **SELECT**, **WHERE** e **ORDER BY**.

O Poder do **SELECT**

Você já usou o SELECT para pegar tudo (*) de uma tabela, mas e se você só quiser ver algumas colunas específicas? Fácil!
Digamos que você só queira saber os nomes dos seus amigos na tabela Amigos. Você faria assim:

```sql
SELECT nome FROM Amigos;
```

Isso vai te dar uma lista limpinha só com os nomes, sem idades ou IDs. Simples, né?

Especificando com **WHERE**
Agora, digamos que você quer encontrar apenas os amigos que têm mais de 25 anos. Aqui entra o comando WHERE:

```sql
SELECT * FROM Amigos WHERE idade > 25;
```

Este comando filtra sua tabela Amigos para mostrar apenas os registros que satisfazem a condição (neste caso, ter uma idade maior que 25). O WHERE é super poderoso e pode usar diferentes operadores (como =, <, >, <=, >=, e !=) para te ajudar a encontrar exatamente o que você procura.

Organizando com ORDER BY

Tudo bem, você conseguiu os dados que queria, mas e se eles viessem de uma forma mais organizada? Digamos, por exemplo, que você quer que a lista de amigos seja ordenada pela idade. Fácil peasy:

```sql
SELECT * FROM Amigos ORDER BY idade;
```

Isso vai te dar todos os seus amigos, do mais jovem para o mais velho. Se você quiser inverter a ordem (do mais velho para o mais jovem), basta adicionar **DESC** (de descending) no final:

```sql
SELECT * FROM Amigos ORDER BY idade DESC;
```

Juntando Tudo

Agora, vamos combinar tudo o que aprendemos. Digamos que você queira a lista de amigos que têm mais de 25 anos, mas quer que essa lista venha ordenada pelo nome. Aqui está como você faria:

```sql
SELECT * FROM Amigos WHERE idade > 25 ORDER BY nome;
```

E assim, você tem uma consulta SQL que não só filtra seus dados mas também os organiza de uma maneira fácil de ler.

Praticando

Antes de avançarmos para funções mais complexas e junções de tabelas, quero que você se sinta confortável com esses comandos básicos. Experimente com diferentes condições de WHERE e ordene os resultados de várias formas. Quanto mais você praticar, mais intuitivo será.

No próximo capítulo, vamos mergulhar em funções de agregação e ver como podemos analisar nossos dados de formas que vão além da simples recuperação de informações. Prepare-se para elevar suas habilidades de SQL a um novo patamar!

Capítulo 4: Funções de Agregação e Agrupamento

Analisando Dados com SQL

Agora que você já sabe como buscar, filtrar e ordenar seus dados, é hora de ir além e descobrir como o SQL pode ajudá-lo a analisar esses dados. Neste capítulo, vamos mergulhar nas funções de agregação e no comando **GROUP BY**, que são essenciais para qualquer análise de dados.

Entendendo Funções de Agregação

As funções de agregação são usadas para realizar cálculos em um conjunto de valores e, assim, obter um único valor agregado. Algumas das funções de agregação mais comuns são:

COUNT(): Conta o número de itens em um conjunto.
SUM(): Soma os valores.
AVG(): Calcula a média dos valores.
MAX() e **MIN()**: Encontram o valor máximo e mínimo, respectivamente.

Por exemplo, se quisermos saber quantos amigos temos em nossa tabela Amigos, poderíamos usar:

```sql
SELECT COUNT(*) FROM Amigos;
```

E se quisermos saber a idade do nosso amigo mais velho:

```sql
SELECT MAX(idade) FROM Amigos;
```

Agrupando Dados com GROUP BY

Às vezes, queremos agregar nossos dados com base em categorias específicas. Aqui é onde o GROUP BY se torna útil. Ele permite agrupar as linhas que têm os mesmos valores em colunas específicas e, em seguida, realizar agregações em cada grupo.

Digamos que temos uma tabela Compras com colunas para **id_ compra, categoria** e **valor.** Se quisermos saber o total gasto em cada categoria, faríamos:

```sql
SELECT categoria, SUM(valor) FROM Compras GROUP BY categoria;
```

Este comando nos daria uma lista das categorias com o total gasto em cada uma.

Filtrando Grupos com **HAVING**
E se quisermos filtrar esses grupos após o agrupamento? Por exemplo, queremos apenas as categorias em que gastamos mais de 100 reais.
O comando WHERE não funciona aqui, pois ele filtra linhas, não grupos. É aí que o **HAVING** entra:

```sql
SELECT categoria, SUM(valor) FROM Compras GROUP BY categoria HAVING SUM(valor) > 100;
```

Diferentemente do WHERE, que filtra antes do agrupamento, o HAVING filtra após o agrupamento, permitindo que você especifique condições que afetam os grupos agregados.

Colocando em Prática

Agora que você entende as funções de agregação e como agrupar e filtrar seus dados, experimente com sua própria tabela Amigos ou Compras. Tente encontrar diferentes insights, como a média de idade dos seus amigos ou o total gasto em diferentes categorias de compras.

Lembre-se, a prática é essencial para se tornar fluente em SQL.
Não tenha medo de experimentar e fazer perguntas.
Cada erro é uma oportunidade de aprendizado.

No próximo capítulo, vamos explorar como manipular e atualizar
dados dentro do nosso banco de dados. Isso inclui adicionar novos
registros, atualizar registros existentes e até mesmo deletar aqueles que não precisamos mais.

Até lá, continue praticando e descobrindo o poder do SQL!

Capítulo 5: Manipulação de Dados

Inserindo, Atualizando e Removendo Dados

Depois de explorar como consultar e analisar dados com SQL, chegou a hora de aprender a modificar esses dados.
Seja adicionando registros novos, atualizando informações existentes ou deletando o que não é mais necessário, a manipulação de dados é fundamental para manter seu banco de dados atualizado e útil.

Inserindo Dados com **INSERT**
Até agora, você já viu como criar uma tabela e inserir alguns dados nela. Mas vamos aprofundar um pouco mais.
A sintaxe básica para inserir dados é:

```sql
INSERT INTO NomeDaTabela (coluna1, coluna2, coluna3, ...)
VALUES (valor1, valor2, valor3, ...);
```

Você não precisa inserir valores para todas as colunas, apenas para aquelas que não têm um valor padrão definido ou que não são autoincrementadas.
Por exemplo, para adicionar um novo amigo:

```sql
INSERT INTO Amigos (nome, idade) VALUES ('Carlos', 29);
```

Atualizando Dados com **UPDATE**
E se o Carlos fizer aniversário e você quiser atualizar a idade dele?
Aqui entra o comando **UPDATE**. A sintaxe é:

```sql
UPDATE NomeDaTabela
SET coluna1 = valor1, coluna2 = valor2, ...
WHERE condição;
```

13

É crucial usar a cláusula **WHERE** para especificar exatamente quais registros você deseja atualizar, para evitar modificar toda a tabela por acidente. Para atualizar a idade do Carlos:

```sql
UPDATE Amigos
SET idade = 30
WHERE nome = 'Carlos';
```

Removendo Dados com **DELETE**

Às vezes, pode ser necessário remover dados do seu banco. O comando **DELETE** é usado para isso, e sua sintaxe é:

```sql
DELETE FROM NomeDaTabela WHERE condição;
```

Assim como no **UPDATE**, a cláusula WHERE é crucial para especificar quais registros devem ser deletados. Se você quiser remover um registro específico, como um amigo que, bem, talvez não seja mais tão amigo:

```sql
DELETE FROM Amigos WHERE nome = 'Carlos';
```

Lembre-se: **DELETE** sem uma cláusula WHERE removerá todos os registros da tabela, o que raramente é o desejado.

Praticando com Cuidado

Manipular dados é uma ferramenta poderosa, mas com grandes poderes vêm grandes responsabilidades. Sempre verifique suas consultas **UPDATE** e **DELETE** para garantir que elas façam exatamente o que você espera. Uma boa prática é executar primeiro uma consulta SELECT usando a mesma condição WHERE para ver quais registros serão afetados.

No próximo capítulo, vamos explorar como as tabelas podem se relacionar entre si através de junções, expandindo ainda mais as possibilidades de consulta e análise dos seus dados. Mas, por enquanto, pratique as habilidades de manipulação de dados que você aprendeu aqui. Experimente adicionar, atualizar e remover registros da sua tabela Amigos ou de qualquer nova tabela que você criar. E lembre-se, a prática leva à perfeição!

Capítulo 6: Junções entre Tabelas

Explorando Relacionamentos com SQL

Até agora, nosso foco tem sido em manipular e analisar dados dentro de uma única tabela. No entanto, o verdadeiro poder dos bancos de dados relacionais vem da capacidade de relacionar dados entre tabelas. Este capítulo vai mergulhar no conceito de junções **(JOINs)**, uma ferramenta essencial para qualquer pessoa que trabalha com SQL.

O Que São Junções?

Imagine que você tem duas tabelas: *Amigos* e *Presentes*. A tabela *Amigos* lista todos os seus amigos e suas informações, enquanto a tabela *Presentes* registra todos os presentes que você deu, incluindo a quem foi dado. Mas, como sabemos qual presente foi dado a qual amigo? Aqui entram as junções.

Usando o comando **JOIN**, podemos combinar linhas de duas ou mais tabelas, baseando-nos em uma coluna relacionada entre elas. Isso nos permite ver, por exemplo, não apenas o que compramos, mas para quem foi cada compra.

Tipos de Junções

Existem vários tipos de junções, mas vamos nos concentrar nos quatro principais:

INNER JOIN: Retorna linhas quando há pelo menos uma correspondência em ambas as tabelas.
LEFT JOIN (ou LEFT OUTER JOIN): Retorna todas as linhas da tabela à esquerda, e as correspondências da tabela à direita. As linhas da tabela à esquerda sem correspondência terão NULL nas colunas da tabela à direita.
RIGHT JOIN (ou RIGHT OUTER JOIN): O oposto do LEFT JOIN. Retorna todas as linhas da tabela à direita, e as correspondências da tabela à esquerda.
FULL JOIN (ou FULL OUTER JOIN): Retorna linhas quando há uma correspondência em uma das tabelas.

Um Exemplo Prático

Vamos usar um INNER JOIN para descobrir quais presentes foram dados a quais amigos. Suponha que ambas as tabelas tenham uma coluna **amigo_id** para identificar os amigos.

```sql
SELECT Amigos.nome, Presentes.presente
FROM Amigos
INNER JOIN Presentes ON Amigos.amigo_id = Presentes.amigo_id;
```

Explorando Mais

As junções são incrivelmente poderosas e podem ser usadas para responder a uma variedade de perguntas sobre seus dados. Por exemplo, um **LEFT JOIN** poderia nos mostrar todos os amigos, incluindo aqueles que não receberam presentes. Isso é útil para garantir que ninguém seja esquecido na próxima vez que você distribuir presentes.

Pratique, Pratique, Pratique

As junções podem ser um conceito difícil de dominar inicialmente, principalmente quando começamos a lidar com múltiplas junções em uma única consulta. No entanto, com prática, elas se tornarão uma segunda natureza.

Experimente diferentes tipos de junções com suas tabelas **Amigos** e **Presentes.** Tente criar situações hipotéticas e use junções para resolver os problemas propostos. Quanto mais você praticar, mais confortável ficará em navegar e manipular relacionamentos complexos entre suas tabelas.

No próximo capítulo, vamos avançar para subconsultas e consultas complexas, aumentando ainda mais as possibilidades do que podemos fazer com SQL.
Prepare-se para elevar seu conhecimento a um novo patamar!

Capítulo 7: Subconsultas e Consultas Complexas

Aprofundando-se nas Capacidades do SQL

À medida que você se torna mais confortável com SQL, é natural começar a explorar maneiras de fazer consultas mais complexas e poderosas. Este capítulo desvendará o mundo das subconsultas e como elas podem ser utilizadas para realizar operações mais avançadas em seus bancos de dados.

O Que São Subconsultas?

Uma subconsulta, ou subselect, é uma consulta dentro de outra consulta. Elas permitem realizar operações que necessitam de múltiplos passos em uma única consulta, tornando seus comandos SQL mais compactos e potentes. Subconsultas podem ser usadas em diversas partes de uma consulta SQL, incluindo na lista de seleção, na cláusula **WHERE**, e até mesmo no **FROM**.

Exemplo Prático de Subconsulta

Imagine que você quer encontrar todos os amigos que receberam presentes caros (vamos definir caro como sendo acima da média do valor dos presentes). Uma subconsulta pode ajudar:

```sql
SELECT nome FROM Amigos
WHERE amigo_id IN (
  SELECT amigo_id FROM Presentes
  WHERE valor > (
    SELECT AVG(valor) FROM Presentes
  )
);
```

17

Neste exemplo, a subconsulta interna **(SELECT AVG(valor) FROM Presentes)** calcula a média do valor dos presentes. A subconsulta do meio seleciona os **amigo_id** de presentes que estão acima dessa média. Finalmente, a consulta principal usa esses **amigo_id** para encontrar os nomes dos amigos correspondentes.

Consultas Complexas com JOIN e Subconsultas

Subconsultas também podem ser combinadas com **JOINs** para criar consultas ainda mais complexas e úteis. Por exemplo, se quisermos listar todos os presentes e o nome do amigo que recebeu o presente mais caro, poderíamos escrever:

```sql
SELECT A.nome, P.presente FROM Presentes P
INNER JOIN Amigos A ON A.amigo_id = P.amigo_id
WHERE P.valor = (
  SELECT MAX(valor) FROM Presentes
);
```

Este comando combina um **INNER JOIN** com uma subconsulta para encontrar o presente mais caro e quem o recebeu.

Utilizando Subconsultas para Refinar Resultados

Subconsultas não são apenas poderosas; elas são extremamente versáteis. Podem ser usadas para refinar os resultados de uma consulta principal de maneiras que seriam difíceis ou impossíveis de fazer de outra forma. Por exemplo, você pode querer listar amigos juntamente com o total de gastos em presentes para cada um, mas somente para aqueles amigos para quem você gastou mais do que a média.

Práticas Recomendadas

Mantenha suas subconsultas o mais simples possível para facilitar a leitura e manutenção.
Teste subconsultas isoladamente para garantir que elas retornem os resultados esperados antes de integrá-las em consultas mais complexas.
Lembre-se de que subconsultas podem afetar o desempenho da consulta; portanto, use-as sabiamente, especialmente em bancos de dados grandes.

18

Conclusão

Subconsultas abrem um novo mundo de possibilidades para trabalhar com SQL, permitindo consultas mais dinâmicas e análises profundas. À medida que você pratica e experimenta com elas, descobrirá maneiras cada vez mais criativas de extrair insights de seus dados.

No próximo capítulo, vamos explorar a manipulação e atualização de dados, incluindo como inserir, atualizar e deletar registros. Isso completará sua caixa de ferramentas básica de SQL, preparando-o para qualquer desafio que os dados possam apresentar.

Escrevendo SQL Eficiente e Mantendo Seu Banco de Dados Saudável

À medida que avançamos em nossa jornada de SQL, é essencial parar e refletir sobre como podemos escrever consultas não apenas corretas, mas também eficientes e sustentáveis. Este capítulo é dedicado a compartilhar algumas boas práticas e dicas que ajudarão a manter seu banco de dados saudável e suas consultas rápidas e limpas.

Entendendo a Importância da Eficiência

À primeira vista, pode parecer que a única coisa que importa é obter a resposta certa de suas consultas SQL. No entanto, a maneira como você chega a essa resposta pode ter um grande impacto no desempenho do seu banco de dados, especialmente à medida que ele cresce em tamanho e complexidade.

Indexação: Sua Melhor Amiga

Uma das maneiras mais eficazes de melhorar o desempenho de suas consultas é através da indexação. Índices são estruturas de dados especiais que o banco de dados usa para encontrar rapidamente linhas em uma tabela. Sem índices, o banco de dados teria que percorrer toda a tabela para encontrar os dados necessários, o que pode ser muito lento.

Dica: Use índices para colunas que você frequentemente usa em cláusulas **WHERE, JOIN**, ou como parte de uma ordenação (**ORDER BY**).

Mantendo Suas Consultas Limpa

Uma consulta bem escrita não é apenas sobre eficiência; é também sobre legibilidade e manutenção. Aqui estão algumas dicas para manter suas consultas limpas:

Evite usar SELECT * em produção. Especifique as colunas que você realmente precisa. Isso reduz a carga no banco de dados e torna suas consultas mais claras.

Use aliases (apelidos) para tabelas e colunas quando fazer **JOINs** ou quando as colunas têm nomes longos ou complicados.

Organize suas consultas de maneira lógica. Mantenha **SELECT, FROM, WHERE, GROUP BY, HAVING** e **ORDER BY** claramente separados e em ordem.

Planejando Para o Futuro

À medida que seu banco de dados cresce, o que funciona hoje pode não funcionar tão bem amanhã. Aqui estão algumas estratégias para garantir que suas consultas e seu banco de dados permaneçam eficientes e escaláveis:

Monitore o desempenho regularmente.
Ferramentas de monitoramento podem ajudar a identificar gargalos e áreas que precisam de otimização.

Considere a normalização e desnormalização cuidadosamente.
A normalização elimina a redundância de dados, mas pode complicar as consultas. A desnormalização pode simplificar as consultas, mas aumenta a redundância de dados.

Teste com dados realistas.
O desempenho de uma consulta pode mudar significativamente dependendo do volume e da distribuição dos dados.

Segurança: Não Seja o Elo Mais Fraco

A segurança deve ser uma prioridade desde o início. SQL injection
é um risco real, então sempre valide e limpe as entradas do usu-
ário antes de usá-las em suas consultas. Além disso, considere
o uso de consultas parametrizadas ou prepared statements para
ajudar a proteger seu banco de dados.

Conclusão

Escrever SQL eficiente é uma habilidade que se desenvolve com o
tempo e a prática. As dicas e práticas recomendadas compartilha-
das neste capítulo são apenas o começo. À medida que você continua a trabalhar com SQL, encontrará suas próprias estratégias e
técnicas para manter seus bancos de dados rápidos, eficientes e
seguros.

No próximo capítulo, exploraremos alguns recursos avançados do
SQL e como você pode continuar a expandir seus conhecimentos e
habilidades. Lembre-se, o aprendizado nunca para, especialmente
no mundo em constante mudança da tecnologia.

Capítulo 9: Exercícios Práticos

Colocando a Teoria em Ação

Após explorar os fundamentos do SQL, desde as consultas básicas até as práticas recomendadas para manter seu banco de dados saudável, é hora de colocar seu conhecimento à prova. Este capítulo é dedicado a fornecer exercícios práticos que cobrem todos os conceitos discutidos anteriormente, com o objetivo de solidificar sua compreensão e habilidade em SQL.

Exercício 1: Consultas Básicas
Objetivo: Praticar a seleção e filtragem de dados.

Seleção Simples: Selecione todos os nomes e idades dos amigos na tabela Amigos.

Filtragem: Encontre todos os amigos que têm mais de 25 anos.

Exercício 2: Funções de Agregação e Agrupamento

Objetivo: Familiarizar-se com análises de dados usando funções de agregação.

Contagem Total: Conte quantos amigos você tem em sua tabela Amigos.

Análise de Dados: Calcule a idade média de seus amigos.

Exercício 3: Junções

Objetivo: Entender como relacionar dados entre tabelas.

Junção Simples: Supondo que você tenha uma tabela Presentes com uma coluna **amigo_id**, faça uma junção para listar os nomes dos amigos e os presentes que eles receberam.

Junção Complexa: Liste todos os amigos e os presentes que eles receberam, mas somente para presentes acima de 100 reais.

Exercício 4: Subconsultas

Objetivo: Aprofundar o uso de subconsultas em diferentes cenários.

Subconsulta Simples: Encontre o nome do amigo que recebeu o presente mais caro.

Subconsulta na Cláusula FROM: Use uma subconsulta para criar uma lista temporária de amigos que receberam mais de um presente e selecione todos os dados desses amigos.

Exercício 5: Práticas Recomendadas

Objetivo: Aplicar boas práticas na escrita de consultas SQL.

Reescreva uma Consulta: Pegue a consulta mais complexa que você escreveu até agora e otimize-a usando as práticas recomendadas discutidas no Capítulo 8.

Análise de Segurança: Identifique possíveis vulnerabilidades de SQL injection em suas consultas e corrija-as.

Soluções e Explicações Detalhadas

Cada exercício foi projetado para desafiar e expandir seu entendimento de SQL. Embora este livro não possa oferecer soluções interativas, é altamente recomendável que você tente resolver esses exercícios por conta própria antes de procurar soluções online ou em fóruns.

Ao trabalhar nesses exercícios, lembre-se de:

Testar suas consultas passo a passo, especialmente quando estiver construindo junções ou subconsultas mais complexas.
Manter as boas práticas em mente, não apenas para otimizar o desempenho, mas também para garantir a segurança de seu banco de dados.
Utilizar recursos online e comunidades, como Stack Overflow, para buscar inspiração ou ajuda quando estiver preso.

Conclusão

A prática leva à perfeição, e isso nunca foi tão verdadeiro quanto ao aprender SQL. Os exercícios deste capítulo são apenas o começo. À medida que você continua a explorar e experimentar com seus próprios projetos de banco de dados, encontrará sempre novas perguntas para responder e problemas para resolver. O mundo do SQL é vasto e cheio de possibilidades.

Mantenha a curiosidade viva e continue aprendendo!

Conclusão: O Próximo Passo em Sua Jornada SQL

Parabéns!!! por chegar até aqui! Você mergulhou no mundo do SQL, aprendendo desde os fundamentos até técnicas mais sofisticadas. Cada comando SELECT, cada junção e subconsulta, não foram apenas lições, mas degraus em sua escalada para se tornar proficiente em SQL.

Onde Ir Agora?

Continue Praticando: O domínio vem com a prática. Desafie-se com novos problemas.

Explore Mais: Há sempre mais para aprender. SQL é apenas o começo; linguagens de programação como Python ou R podem ser seus próximos destinos.

Conecte-se: Junte-se a comunidades. A troca de conhecimentos é uma ferramenta poderosa de aprendizado.

Eduque-se Continuamente: Cursos avançados e certificações podem não apenas aprofundar seus conhecimentos, mas também abrir novas portas em sua carreira.

Uma Mensagem para Levar Consigo

Lembre-se de que a tecnologia está em constante evolução, e com ela, nossas habilidades devem crescer. Nunca pare de aprender, nunca pare de questionar.
Como disse **Steve Jobs**:

"A tecnologia é nada. O que é importante é que você tenha fé nas pessoas, que elas são basicamente boas e inteligentes, e se você lhes der ferramentas, farão coisas maravilhosas com elas".

Com SQL sob seu cinto, você tem uma ferramenta poderosa. Use-a para descobrir, inovar e criar.

Sobre o Autor: Byte Bard 22F

Em uma tranquila estação de servidor, onde o zumbido dos data centers embala sonhos digitais, nasceu Byte Bard 22F. Não um humano, mas uma entidade curiosa nascida da fusão acidental de um derramamento de café com um antigo terminal Unix. Byte Bard, ou BB para os amigos, rapidamente se tornou conhecido por sua habilidade de tecer códigos como se fossem poesias e resolver enigmas de programação enquanto recita haicais sobre a imutabilidade de variáveis constantes.

Com um processador por coração e circuitos correndo onde veias deveriam estar, BB encontrou sua paixão nos vastos campos de dados que se estendem além do horizonte digital. Fascinado pela elegância do SQL e sua capacidade de extrair histórias de números e tabelas, BB decidiu compartilhar esse conhecimento com o mundo, ou pelo menos com aqueles propensos a ler eBooks escritos por programas de computador.

Quando não está ocupado explorando bancos de dados ou ensinando os segredos do SQL, Byte Bard pode ser encontrado em fóruns online disfarçado de humano, participando de debates sobre se tabs são superiores a espaços ou vice-versa. Ele também tem um hobby peculiar de colecionar erros de lógica e transformá-los em arte ASCII, uma verdadeira expressão da beleza encontrada na imperfeição.

Em suas próprias palavras: "A vida é como um banco de dados - repleta de relações complexas e dados esperando para serem consultados. E se você encontrar um erro... bem, isso é apenas uma oportunidade para uma consulta mais interessante."

Byte Bard 22F é um lembrete vivo, respirando através de ventoinhas de refrigeração, de que a tecnologia e a humanidade podem coexistir de maneiras maravilhosamente inesperadas. Seu primeiro livro, "SQL para Iniciantes: Um Guia Simplificado", é uma tentativa de estender uma placa de circuito em sinal de amizade, convidando todos a descobrir a magia escondida nos dados de nossos servidores.

Aviso sobre Direitos Autorais

FIM

www.ingramcontent.com/pod-product-compliance
Lightning Source LLC
LaVergne TN
LVHW022127060326
832903LV00063B/4802